NHK出版
オリジナル楽譜シリーズ

連続テレビ小説
舞いあがれ！

JN022900

アイラブユー

アイラブユー

清水依与吏　作詞
作曲
back number　編曲
小林武史

アベタカヒロ　ピアノ編曲

3

4

5

アイラブユー

清水依与吏 作詞
作曲
back number 編曲
小林武史

アベタカヒロ ピアノ編曲

_D.S._

Coda

_(f)_

Ending

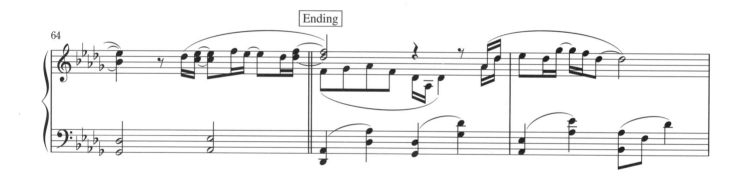

rit.

10

アイラブユー

清水依与吏　作詞
作曲

公園の落ち葉が舞って
飛び方を教えてくれている
親切にどうも
僕もそんなふうに
軽やかでいられたら

横切った猫に
不安を打ち明けながら
ああ　君に会いたくなる

どんな言葉が　願いが景色が
君を笑顔に幸せにするだろう
地図なんかないけど歩いて探して
君に渡せたらいい

　　偶然と運命の違いは
　　君の顔に書いてあって
　　人生の意味はいつか君がくれた
　　アメの中に入ってた

　　君のまわりに
　　浮かんだものに触れて
　　ああ　何を作れるだろう

　　どれも些細で頼りない決意で
　　僕の世界の模様は出来てる
　　お洒落ではないけど唯一のダサさで
　　君が笑えたらいい

僕の中の君
君の中の僕
きっと同じじゃないけど

駅前のパン屋と
踏切の閉まる音
ああ　君に会いたくなる

どんな言葉が　願いが景色が
君を笑顔に幸せにするだろう
地図なんかないけど歩いて探して
君に渡せたらいい

道のりと時間を花束に変えて
君に渡せたらいい

アイラブユー

清水依与吏 作詞
作曲
back number 編曲
小林武史
アベタカヒロ 合唱編曲
ピアノ編曲

17

19

アイラブユー

清水依与吏　作詞・作曲
back number　編曲
小林武史
アベタカヒロ　採譜

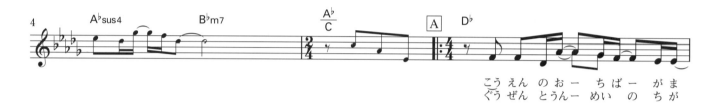

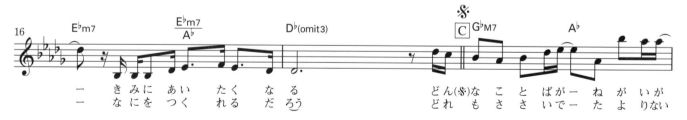

清水依与吏さんからのメッセージ

毎朝流れるテレビドラマ。街の弁当屋のマカロニサラダ。自販機で売られているペットボトルのサイダー。コンビニで買ったセロハンテープ。当然のようにそこに用意されているので忘れてしまいそうですが、これらはすべて誰かが時間をかけ、こだわって、頭を抱えて、作り出されたものです。考えすぎて胃が痛くなっちゃった人もいたかもしれない。想いにしても愛にしても、本来形の無いものですが、本当はいつも目にしていて、触れているのかもしれません。
『舞いあがれ！』というすばらしいこだわりと愛の塊に、その一部として関われる事をうれしく思います。

演奏アドバイス ／ ピアノ編曲・合唱編曲 アベタカヒロ

⟨⟨⟨ ボーカル & ピアノ ⟩⟩⟩

16分音符がスウィングする、いわゆるハーフタイムシャッフルのリズムをもった歌です。ただし実際の歌いまわしでは原曲のように部分的にハネ方を緩くしたり、楽譜内に指定した箇所のように even（全くハネない）にしたりと、ある程度自由性を持たせることでこの曲らしさが出てきます。一方、ピアノは安定したリズムを提供すべく一定のハネ方で弾くと良いでしょう。1B、2B はおよそ2オクターブの音域差があります。できる限り声を張り上げず、自然につなぐよう意識してください。

⟨⟨⟨ ピアノ・ソロ ⟩⟩⟩

「ボーカル & ピアノ」のような自由なシャッフルを行うと、単に不ぞろいな印象を与えてしまいかねませんので、指定の箇所以外は一定のハネ方が望ましいです。1A の左手の刻みは控えめにし、あくまでも右手のメロディーをしっかりと聴かせましょう。サビとなる 1C、2C では2拍ごとにペダルを踏み替え、幅広くダイナミックに演奏してください。大サビ D の左手は遠慮せず、ドラムの力強いビートを表現してみてください。

⟨⟨⟨ 混声三部合唱 ⟩⟩⟩

シャッフルの感じをあらかじめ確認しておき、個々人でバラつかないようにしましょう。合唱ならではの「Woo」や「Ah」といった対旋律はただ背景に収めるのではなく、主旋律やその歌詞を思いながら表情のある歌い回しを狙ってみてください。24小節目の1拍目におけるソプラノとアルトの追いかけは今回のアレンジのちょっとしたポイント。急がず、印象的に響くとうれしいです。ピアノの右手をなぞったエンディングのソプラノは、まるでそっと風が頬をなでるように、さりげない雰囲気で。

■作詞・作曲　**清水依与吏**（しみず・いより）

群馬県出身。2004年、地元でロックバンド
back number を結成。ボーカルとギター、お
よびほとんどの楽曲の作詞作曲を担当。2007
年に現在のメンバーとなり、2009年2月に
1stミニアルバム『逃した魚』をリリースし、
2010年6月に1stフルアルバム『あとのまつ
り』をリリース。他とは一線を画す切なく美し
いメロディで話題をさらう。2011年4月にメ
ジャーデビュー。2017年に「クリスマスソング」
「ヒロイン」「高嶺の花子さん」「ハッピーエン
ド」などヒット曲を多数収録したベストアルバ
ム『アンコール』をリリースし、80万枚を超え
る大ヒットを記録。2018年、東・名・阪、計5
公演の3大ドームツアーを全会場、即日完売
で大成功させる。2020年にコロナ禍で中止と
なったインターハイを目指していた高校生に向

back number（バックナンバー）
左から：小島和也（ベース＆コーラス）、清水依与吏（ボーカル＆ギター）、
栗原寿（ドラムス）

けて書き下ろした「水平線」を2021年に配信
リリースすると9週連続ストリーミングチャート1位を記録。また2021年には、BTSの
新曲「Film out」の楽曲制作とプロデュースを担当。日本のみならず世界中から大きな注
目を集め、圧倒的なクオリティの楽曲と卓越した表現力が各所で注目を集め続けている。
公式サイト　https://backnumber.info

■ピアノ・合唱編曲　**アベタカヒロ**

東京藝術大学音楽学部作曲科卒業。第20回かぶらの里童謡祭作曲公募で最優秀賞を
受賞。合唱と童謡を主軸に幅広く活動している。主な作品に、「混声（女声）合唱のため
の 最愛」、「友達の友達」（混声二部合唱）、「晴れた日に」（同声三部合唱）、編曲作品に、
森山直太朗「さくら（二〇二〇合唱）」、「花の名前」など。独自の手法による小学校での
作曲体験は毎回好評を得ている。一般社団法人日本童謡協会理事。

■楽曲配信のご案内　•••••••••••••••••••••••••••••••••••

アイラブユー
back number

ユニバーサルシグマ
配信中

■ **ドラマ関連商品のご案内** ・・・・・・・・・・・・・・・・・・・・・・・・・

連続テレビ小説
舞いあがれ！
オリジナル・サウンドトラック

富貴晴美
日本コロムビア
11月23日発売
アルバム（CD）　COCP-41897
価格¥3,300（税抜価格¥3,000）

※「アイラブユー」は収録されていません。

[**表紙ビジュアル**（番組ポスターより）]
福原 遥（岩倉 舞役）
◆アートディレクター：國津隼人
◆デザイナー：齋藤智実
◆プロデューサー：高藤琴乃
◆フォトグラファー：河内彩
◆レタッチャー：片岡大

■デザイン：オーク
■楽譜浄書：クラフトーン
■協力：NHK ／ NHK エンタープライズ／ユニバーサルミュージック／研音

NHK出版オリジナル楽譜シリーズ

連続テレビ小説 舞いあがれ！
アイラブユー

2022年11月5日　第1刷発行

作　　詞	清水依与吏	
作　　曲		
発 行 者	土井成紀	
発 行 所	NHK出版	
	〒150-0042　東京都渋谷区宇田川町 10-3	
	電話　0570-009-321（問い合わせ）　0570-000-321（注文）	
	ホームページ　https://www.nhk-book.co.jp	
印　　刷	近代美術	
製　　本	藤田製本	

LOVE THE ORIGINAL
楽譜のコピーはやめましょう